BEI GRIN MACHT SICH
WISSEN BEZAHLT

- Wir veröffentlichen Ihre Hausarbeit,
  Bachelor- und Masterarbeit

- Ihr eigenes eBook und Buch -
  weltweit in allen wichtigen Shops

- Verdienen Sie an jedem Verkauf

Jetzt bei www.GRIN.com hochladen
und kostenlos publizieren

Bibliografische Information der Deutschen Nationalbibliothek:

Die Deutsche Bibliothek verzeichnet diese Publikation in der Deutschen National-
bibliografie; detaillierte bibliografische Daten sind im Internet über http://dnb.d-
nb.de/ abrufbar.

Impressum:

Copyright © 2010 GRIN Verlag, Open Publishing GmbH
Druck und Bindung: Books on Demand GmbH, Norderstedt Germany
ISBN: 9783640605644

Dieses Buch bei GRIN:

http://www.grin.com/de/e-book/143849/gottkoenigtum-zug-zur-oase-siwa

Mario Kulbach

Gottkönigtum (Zug zur Oase Siwa)

Alexanders Motive für den Besuch des Ammon-Orakels

GRIN Verlag

Universität Siegen

Fachbereich 1 – Geschichte

Hauptseminar „Alexander der Große"

Wintersemester 2009/2010

Gottkönigtum

(Zug zur Oase Siwa)

- Alexanders Motive für den Besuch des Ammon-Orakels -

Mario Kulbach

7. Semester

Mathematik und Geschichte LA Gym./Ges.

Inhaltsverzeichnis

1. Einleitung

Diese Hausarbeit beschäftigt sich mit einem Teilkapitel des Rache- bzw. Eroberungs-
feldzuges Alexanders des Großen, nämlich mit seiner Einnahme Ägyptens 331 v.
Chr. Ein besonderer Schwerpunkt soll dabei auf dem Besuch des Ammon-Orakels in
der Oase Siwa liegen.

Die vorliegende Arbeit möchte eine Antwort darauf geben, warum sich Alexander
dazu entschloss, eine Reise auf sich zu nehmen, die in rationaler Hinsicht äußerst
fragwürdig erschien. Als Alexander Siwa aufsuchte, stand eine Entscheidungsschlacht mit Dareios III. noch aus. So verwundert es, dass Alexander sich die Zeit
nahm, knapp 600 km durch öde Wüste zu ziehen, ohne einen greifbaren, nach außen
hin sofort ersichtlichen Grund zu haben. Seine Zeitgenossen werden die Gründe
wohl im Gesamtkontext verstanden haben, doch heute müssen wir uns auf Rekons-
truktionen durch Sekundärquellen[1] einlassen. Ich möchte mich also hauptsächlich
mit den überlieferten Alexanderquellen von Plutarch (Alexandervita), Arrian (Ana-
basis), Curtius Rufus (Historiae Alexandri), Diodor (Buch XVII der Bibliotheca His-
torica), und Justin (Bücher XI und XII der Historiae Philippicae)[2] befassen, und diese
mit Hilfe der Darstellung moderner Historiker dahingehend untersuchen, welche
Motive Alexander bewogen, das Ammon-Orakel aufzusuchen. Das Anspruchsvolle
bei der Analyse von Quellen über Alexander den Großen ist darin zu sehen, dass alle
oben erwähnten Autoren mindestens 400 Jahre später lebten als Alexander selbst,
und ihre Erkenntnisse lediglich von den Primärquellenautoren Aristobulos, Kallisthenes, Ptolemaios oder Klitarch abschrieben. Demzufolge sind Aussagen dieser
„späteren" Autoren mit Vorsicht zu betrachten, trotzdem bieten sie uns unersetzliche
Eindrücke davon, wie es gewesen sein könnte.

---

[1] Einmalig in der Forschung zur Alten Geschichte ist die Einteilung der Alexanderquellen in Primär-
und Sekundärquellen.
Mit Primärquellen sind all diejenigen Autoren gemeint, die zur Zeit Alexanders lebten und schrieben.
Diese Aufzeichnungen sind jedoch nur noch fragmentarisch erhalten (vgl. dazu Jacoby, Fragmente der
Griechischen Historiker (FrGrHist)).
Sekundärquellen meinen im Zusammenhang mit Alexander immer Autoren, die frühestens 400 Jahre
später lebten als Alexander.
[2] Das Gros der Alexanderforscher bevorzugt das Werk Arrians, da sich hier ein erster Ansatz
ernsthafter Historiographie findet. Die übrigen Texte hingegen, eher abwertenden auch als Alexander-
Vulgata bezeichnet, enthalten augenscheinlich viele fiktionale Elemente.

Trotz, oder gerade wegen dieser problematischen Quellenlage ist die Erforschung der Expedition nach Siwa, und dementsprechend die Erforschung der Beweggründe Alexanders nach Siwa zu ziehen, eines der meist thematisierten und kontrovers diskutiertesten Felder der Alexanderforschung.[3] Ziel dieser Arbeit kann es nicht sein, diese Komplexität[4] und Kontroversität in all ihren Facetten nachzuzeichnen, sondern es soll ein systematischer Überblick über grundlegende Kontroversen der Forschung im Hinblick auf Alexanders Motivation gegeben werden, ohne dabei die Sekundärquellen aus den Augen zu verlieren. Daher werden die Meinungen moderner Historiker wie SCHACHERMEYER, WILCKEN, KRAFT oder KIENAST schwerpunktmäßig Betrachtung finden.

Um die Motivlage Alexanders besser in den Gesamtkontext einordnen zu können, wird in einem ersten Hauptabschnitt meiner Arbeit allgemein auf Alexander in Ägypten eingegangen, ehe in einem zweiten Hauptabschnitt das Ammon-Orakel in Siwa näher beschrieben wird. Das Hauptaugenmerk dieser Hausarbeit soll im Folgenden auf den Motiven liegen, die Alexander bewogen haben könnten, nach Siwa zu ziehen. Den Abschluss der Arbeit bildet ein Fazit.

2. Alexander in Ägypten

Alexander gelang es, nachdem ihm die Städte Tyros und Gaza in Syrien[5] monatelang Widerstand leisteten, im Jahre 332 v. Chr. in Ägypten einzurücken und es zu besetzen[6]. Hier wurde er von der Bevölkerung als Befreier von der Perserherrschaft freudig empfangen. Bei Curtius Rufus ist dies folgendermaßen überliefert:

„Die Ägypter, schon jeher der persischen Macht feindlich gesonnen, da ihnen ihre Herrschaft habsüchtig und übermütig schien, hatten bei der Hoffnung auf Alexanders Ankunft neuen Mut geschöpft [...]"[7].

---

[3] vgl. Schachermeyer: Alexander der Grosse, S. 243.
[4] Für einen Forschungsüberblick über Alexanders Zug zur Oase Siwa vgl. Seibert: Alexander der Grosse, S. 116 ff.
[5] Einen geographischen Überblick über Alexanders Weg durch Ägypten bietet die Karte (1) im Anhang (Kapitel 7).
[6] Scheinbar gelang diese Besetzung Ägyptens völlig problemlos. Curtius (4, 7, 3-4) berichtet davon, dass die Perser, auch durch den Abfall der Ägypter, in Schrecken versetzt worden seien und der ansässige Satrap Mazakes Alexander 8.000 Talente und den ganzen königlichen Hausstand auslieferte.
[7] Curt. 4, 7, 1.

3

Curtius spielt hier auf das gespannte Verhältnis der Ägypter mit den persischen Fremdherrschern an. Der persische Großkönig Kambyses hatte zum Beispiel zum Entsetzen der Ägypter deren heiligen Apisstier in Memphis[8] getötet. Alexander legte ein gänzlich gegenteiliges Verhalten an den Tag und war nicht nach Ägypten gekommen, um die Einheimischen zu unterjochen[9]. Vielmehr war seine Intention, sie von der Perserherrschaft zu befreien und sie für den neuen Herrscher zu gewinnen. Dies tat er, indem er die Ägypter sowohl politisch partizipieren ließ, als auch ihre religiösen Eigenheiten achtete. Er übergab z.b. die Zivilverwaltung an Eingeborene und restaurierte Tempelbauten in Karnak und Luksor[10], und opferte dem bereits oben erwähnten Stier in Memphis. So verwunderte es nicht, dass die Ägypter Alexander wohlgesonnen begegneten.

Alexander wurde von der einheimischen Priesterschaft als legitimer König des Landes anerkannt, wobei ihm in Memphis die üblichen pharaonischen Ehren zu Teil wurden. Er erhielt fünf Königstitel, die vor ihm schon den Pharaonen des Reiches zukamen, von denen aber lediglich vier erhalten sind. Alexander hieß nun auch „König von Oberägypten und König von Unterägypten", sowie „Auserwählt von Re, geliebt von Amun", „Horos"[11] und „Sohn des Re". In letzterer Titulatur kam die mythische Vorstellung der Ägypter zum Tragen, dass der Pharao Sohn der jeweiligen Königsmutter und des Re sei. Damit war Alexander in Ägypten Pharao und Gott geworden. Man muss aber einschränkend erwähnen, dass Alexanders Vergöttlichung lediglich auf Ägypten bezogen war, und keine Auswirkungen auf die Griechen oder gar Makedonen hatte.[12] Inwieweit Alexander seine „göttliche Natur" auch auf deren Kulturkreis ausdehnen wollte, gilt es bei der Motivation des Siwa-Zuges näher zu betrachten.

Nachdem Alexander in Memphis diese Ehren entgegengebracht wurden, machte er sich in der Jahreswende 332/331 v. Chr. auf den Weg entlang des Nils Richtung der Mittelmeerküste Ägyptens. Bei ihm waren wohl die Hypaspisten[13] Bogenschützen,

---

[8] Siehe Anhang (1) (Kapitel 7).
[9] Curt. 4, 7, 5. „[…] nachdem er die Angelegenheiten des Landes in der Weise geordnet hatte, dass er nichts an den überkommenen Sitten der Ägypter änderte […]"
[10] Beide Tempelbauten waren im ägyptischen Theben gelegen. Siehe Anhang (1) (Kapitel 7).
[11] Horos kann als „starker Fürst" übersetzt werden; die Titulatur ist aber wohl auch an den altägyptischen Himmelsgott Horos angelehnt.
[12] vgl. Wilcken: Oase Siwa, S. 261ff.
[13] Leichte Infanterie in Alexanders Heer.

Agrianer und die königliche Ile[14] der Hetärenreiterei[15]. In unmittelbarer Nähe zu einem Dorf namens Rhakotis gründete Alexander das ägyptische Alexandria[16]. Dort überbrachte ihm sein Admiral Hegelochos die Nachricht, dass die Seeherrschaft auf der Ägäis hergestellt sei, woraufhin Alexander aufbrach, um das Orakel des Wüstengottes Ammon zu besuchen.[17]

3. Das Ammon-Orakel in der Oase Siwa

a. Geschichte des Ammon-Orakels

Die Frage ist, wie sich auf ägyptischem Boden ein Orakel etablieren konnte, dass Beachtung in der ganzen Griechenwelt fand, und dessen Existenz auch Alexanders Aufmerksamkeit auf sich zog.

Zu Beginn hatte es in Ägypten den Gott Amun gegeben, den man im Mittleren und Neuen Reich[18] als einen der höchsten Götter in der Gestalt des Widders verehrte. Dieser wurde mit dem Sonnengott Ra[19] gleichgesetzt. Der Kult des Amun verbreitete sich über Ägypten nach Syrien, Aithiopien[20] und Libyen[21]. Das Ansehen des Amun schwand in der Folgezeit immer weiter dahin, doch an den Stellen, an denen er ein Orakel hatte, so etwa im aithiopischen Napata[22] oder im ägyptischen Theben, blieb seine Wirkmächtigkeit ungebrochen. So war das Orakel des Amun in Siwa eine Tochtergründung des Orakels in Theben im 7. Jh. v. Chr.[23] In der Oase Siwa blühte der Kult des Amun in einem Bereich, der mit dem eigentlichen ägyptischen Kernland am Nil nur noch wenig zu tun hatte. Man kann sogar sagen, dass sich dieses Amun-Heiligtum im Einflussgebiet eines ganz anderen Kulturkreises befand, nämlich in unmittelbarer Nähe zur Griechenkolonie Kyrene[24]. Durch diese Nachbarschaft be-

---

[14] Eine Ile waren ca. 200 Mann.
[15] Hetairoi waren die engen Gefährten Alexanders.
[16] Siehe Anhang (1) (Kapitel 7).
[17] vgl. Wilcken: Oase Siwa, S. 263f.
[18] Also etwa von 2150 bis 1070 v.Chr.
[19] Auch die Bezeichnung Re ist gängig.
[20] Südlich von Ägypten gelegen.
[21] Nordwestlich von Ägypten gelegen. Siehe Anhang (1) (Kapitel 7).
[22] Im heutigen Sudan gelegen.
[23] vgl. Kienast: Alexander, Zeus und Ammon, S. 316.
[24] Siehen Anhang (1) (Kapitel 7).

günstigt beeinflussten sich das Orakel und die Polis Kyrene wechselseitig. Auf der einen Seite übernahmen die Kyrenäer ca. im 6. Jh. v. Chr. den Amun als ihren Landesgott und nannten ihn seither Ammon. Diesen Ammon setzten sie mit ihrem Zeus gleich[25], ließen ihm aber, als Zeichen ägyptischer Herkunft, seine Widderhörner. Als Ausdruck intensiver Handelsbeziehungen zwischen Kyrene und der fruchtbaren Oase Siwa, prägten die Kyrenäer Münzen[26], auf denen Zeus mit den Widderhörner des Ammon dargestellt wurde[27]. Auf der anderen Seite öffnete sich das eigentlich zunächst ägyptische Orakel griechischen Brauchtümern und nahm sie für sich auf. Die Kunde vom Kult dieses Orakels verbreitete sich daraufhin in ganz Griechenland, und somit wohl auch nach Makedonien. Durch seine scheinbare Untrüglichkeit, begünstigt durch die Abgelegenheit in der Wüste, wurde das Ansehen des Orakels von Siwa bei den Hellenen kontinuierlich gesteigert und es galt zur Zeit Alexanders als das erste Orakel der Griechenwelt, was auch Alexander bekannt war[28].[29]

b. Alexanders Zug nach Siwa

Dass Alexander vom neu gegründeten Alexandria gen Oase Siwa aufbrach, wurde in Kapitel Zwei bereits erwähnt. Im Folgenden soll erläutert werden, wie der Weg nach Siwa, gemessen an den Aussagen der Sekundärquellen, ausgesehen haben könnte.

Alexanders Weg nach Siwa wird von vier Autoren wiedergegeben. Wir erfahren etwas darüber bei Arrian[30], Curtius Rufus[31], Diodor[32] und Plutarch[33]. Lediglich Justin gibt keine Auskünfte über den Weg nach Siwa. Da vier von fünf Autoren die Reise Alexanders beschreiben, scheint es verständlich, dass sich die Berichte ähneln, wenn

---

[25] Zu Alexanders Zeit war jedoch die Gleichsetzung von Ammon und Zeus nicht die Regel. Alexander unterschied deutlich zwischen dem Zeus der Griechen und dem Ammon der Libyer (vgl. Kienast: Alexander, Zeus und Ammon, S. 316 bezugnehmend auf: Arrian, Indike 35, 8.)

[26] Siehe Anhang (2) (Kapitel 7): Hier ist eine Münze dargestellt, die Alexander mit den Widderhörnern des Ammon zeigt. So ähnlich könnten die Münzen der Kyrenäer knapp 200 Jahre vorher ausgesehen haben.

[27] vgl. Wilcken: Oase Siwa, S. 265.

[28] Alexander kannte mit Sicherheit die Schriften Herodots, der in seinen Historien die Gründung des Siwa-Orakels als Filiale des Orakels in Theben, und auch Kambyses Versuch Siwa zu zerstören, beschrieb.

[29] vgl. Wilcken: Oase Siwa, S. 265, sowie Schachermeyer: Alexander der Grosse, S. 246.

[30] Arr. 3, 3, 3 – 6.

[31] Curt. 4, 7, 9 - 15

[32] Diod. 17, 49, 2-6.

[33] Plut. Alex. 27.

nicht sogar gleichen, da sich ihrer Erkenntnisse auf die gleichen Primärquellen zurückführen lassen. Beim Vergleich der Quellen fällt auf, dass Arrians Darstellung denen der anderen Autoren bis auf eine kleine Ausnahme gleicht: Er beinhaltet zusätzlich den Empfang einer kyrenäischen Gesandtschaft, mit denen Alexander Freundschaft und ein Bündnis schloss. Daher wird in dieser Arbeit zunächst auf Arrian Bezug genommen, da dieser in der Forschung auch als der vertrauenswürdigste Autor bezeichnet wird[34]. Dort heißt es:

„Er marschierte bis Paraitonion am Meer entlang durch leeres Land, wenn gleich nicht völlige Wüste, einen Weg von etwa 1600 Stadien, wie Aristobulos erzählt; dann bog er ins Landesinnere in Richtung auf die Stelle ab, wo das Heiligtum des Ammon liegt."[35]

Alexanders Weg führte ihn also an der Mittelmeerküste Richtung Westen bis nach Paraetonion[36], was ungefähr einer Strecke von 300 km entsprechen dürfte. Von Paraetonion bog er dann ins Landesinnere Richtung Ammons-Orakel ab.

Arrian berichtet weiter vom Weg nach Siwa:

„Nun führte der Marsch durch Öde und großenteils wasserlose Sandwüste, jedoch hatte Alexander in großer Menge Regenwasser zur Verfügung, was man als göttliches Zeichen auslegte. Als solches göttliches Zeichen deutete man überdies auch folgendes: Wenn in dieser Gegend Südwind weht, bedeckt er den Weg tief mit Sand und schüttet die Markierungen zu, [...]. So geriet dann auch das Heer Alexanders in die Irre, und selbst die Wegführer waren im unklaren, in welcher Richtung man weiterzuziehen hätte. Aber wie Ptolemaios, Sohn des Lagos, erzählt, setzten sich zwei Schlangen an die Spitze des Zuges und gaben Laute von sich, worauf Alexander den Führern befahl, auf die Gottheit zu vertrauen und diesen Tieren zu folgen, die sie in der Tat denn auch den Weg zum Heiligtum und dann wieder zurück führten. Aristobul aber, und mit ihm stimmt die Mehrzahl anderer Quellen überein, spricht von zwei Raben, die vor den Truppen herflogen, und diese seien es gewesen, die Alexander den Weg zeigten."[37]

Im Landesinneren erschwerte sich der Marsch Alexanders, da man sich nun in Wüstengebiet befand. Die Hitze schien weniger problematisch für Alexander gewesen zu sein, da ihm Regenwasser in Fülle zur Hilfe kam. Auch, dass durch Wind die Markierungen, die man zur Orientierung benötigte, mit Sand bedeckt wurden, war keine

---

[34] vgl. Wilcken: Oase Siwa, S. 265f. Er betont, dass Kallisthenes eine herausragende Stellung bei der Beurteilung Alexanders des Großen einnimmt. Und Arrian rezipiert Kallisthenes, so Wilcken.
[35] Arr. 3, 3, 3.
[36] Siehe Anhang (1) Kapitel 7.
[37] Arr. 3, 3, 4 – 6.

Behinderung für Alexander. Als sich selbst die Wegführer, die seit Paraetonion mit der Karawane zogen, nicht zu helfen wussten, kamen Alexander Tiere zur Hilfe; Ptolemaios spricht von Schlangen und Aristobul, der seine Erkenntnisse von Kallisthenes haben dürfte[38], von Raben, die Alexander den Weg Richtung Siwa leiteten. Beim Bericht z.B. des Kallisthenes wird auch die Episode bei Herodot[39] eine Rolle gespielt haben, die vom Versuch des Kambyses berichtet, das Ammons-Orakel aufzusuchen, um es zu zerstören. Beim Versuch blieb es aber, denn sein Heer wurde nie in Siwa gesehen, und man vermutete, dass es eben durch jenen Südwind in der Wüste unter Sand begraben worden ist. Die Herausstellung, dass Alexander dieses Hindernis wohl mit Hilfe des Ammon überwandt, rückte ihn näher an die Sphäre des Göttlichen. Nach außen, vor allem aber auch auf die Perser, musste der Bericht, dass ihr ehemaliger Großkönig von Alexander übertrumpft worden war, dementsprechend gewirkt haben.

Alles in allem wurde die Reise nach Siwa zu einer Fahrt göttlicher Vorzeichen und Wunder, was auch durch die Teilnehmer schon so empfunden wurde. Sicherlich sind die Vorkommnisse in der Wüste noch literarisch ausgeschmückt worden, doch scheint ihnen zumindest ein wahrer Kern inne zu wohnen. Zum Beispiel waren Regen zu Winterzeit und Tiere zu allen Jahreszeiten an diesem Ort keine Seltenheit.[40]

c. Der Ort Siwa

Über den Ort Siwa bekommen wir Auskunft bei Arrian[41], Curtius Rufus[42] und Diodor[43], sowie in einer Passage bei Herodot[44] über die sog. Sonnenquelle. Auch hier fallen die deutlichen Erzählparallelen der Autoren auf. So gibt es m. E. bei den Darstellungen von Curtius und Diodor kaum Abweichungen, sodass es nahe liegt, dass beide die gleiche Textgrundlage benutzten. Im Vergleich zu Arrian fallen ebenfalls inhaltliche Überschneidungen auf, jedoch fasst sich Arrian etwas kürzer. Inhaltlich

---

[38] vgl. Wilcken: Oase Siwa, S. 266.
[39] Herodot 3, 25-26.
[40] vgl. Wilcken: Oase Siwa, S. 264/265, sowie Schachermeyer: Alexander der Grosse, S. 249.
[41] Arr. 3, 4, 1 - 4.
[42] Curt. 4, 7, 16 - 22.
[43] Diod. 17, 50,1 - 5.
[44] Herodot 4, 181.

gesehen werden die meisten Charakteristika des Ortes Siwa bei Curtius und Diodor gegeben. Ich beschränke mich hier, aus Gründen der Ähnlichkeit der Quellen, auf die Darstellung bei Curtius. Dort heißt es:

„Endlich gelangte man zu dem Gott geheiligten Ort. Es ist kaum zu glauben: Er ist, obwohl mitten zwischen wüsten Einöden gelegen, überall von grünenden Zweigen geschützt, so dass die Sonne kaum in den Schatten dringt, und viele Quellen mit Süßwasser, [...], nähren die Wälder. Auch die wunderbare Milde der Luft, [...], bleibt zu allen Jahreszeiten gleich gesund. Nachbarn des Ortes sind im Osten die in unmittelbarer Nähe wohnenden Äthiopier. Im Süden wohnen die Araber [...]. Auf der westlichen Seite aber wohnen andere Äthiopier [...], und im Norden sind die Nasamonen, [...]. Die Bewohner der Oase, die den Namen Ammonier führen, leben in zerstreut liegenden Zelten, und der mittlere Teil der Oase, der mit einer dreifachen Mauer umgeben ist, dient ihnen als Burg. Der erste Befestigungsring umschloss den alten Königssitz; im Folgenden wohnten deren Gattinnen mit samt ihren Kindern und den Nebenfrauen; hier ist auch das Orakel des Gottes. Innerhalb der äußersten Befestigungswerke war der Aufenthalt der Leibgarde und der bewaffneten Mannschaft. Es gibt noch einen anderen Hain des Ammon, in dessen Mitte sich eine Quelle befindet, die man das Wasser des Sonnengottes nennt. Bei Sonnenaufgang fließt es lauwarm, mitten am Tag, wenn die stärkste Hitze herrscht, dagegen kalt; neigt es sich zum Abend, so wird es warm, mitten in der Nacht sprudelt es heiß, und je mehr sich die Nacht dem Morgen nähert, um so mehr verliert es von seiner nächtlichen Wärme, bis es wieder bei Tagesanbruch die gewohnte Wärme erreicht.“[45]

Curtius beschreibt den Ort Siwa als ein sehr fruchtbares Gebiet, was den vielen Quellen dort geschuldet sei. Curtius tut jedoch so, als ob diese Tatsache außergewöhnlich wäre, was er mit der Aussage „Es ist kaum zu glauben" ausdrückt. Doch handelt es sich hier um eine Oase, deren Eigenheit es ist, in Wüstenregionen Fruchtbarkeit auszustrahlen.

Weiter werden die Nachbarn der Oase beschrieben. Im Osten und Westen leben Äthiopier, wobei im Süden Araber und im Norden die Nasamonen lebten. Danach geht Curtius direkt auf die Bewohner von Siwa ein, indem er sagt, dass diese in Zelten leben. Es folgt eine Beschreibung der Burg von Siwa, mit ihren drei Befestigungsringen. Scheinbar hat es in Siwa eine Art Akropolis gegeben, auf der der ört-

---

[45] Curt. 4, 7, 16 - 22.

liche Fürst residierte, und auch das Heiligtum des Ammon zu finden war[46]. Eine Vorstellung der Burg von Siwa bietet ein Kupferstich[47] aus dem 17. Jh. n. Chr.

Auf die Beschreibung der Burg folgt eine Darstellung der sog. Sonnenquelle, die auch bei Arrian und Diodor Erwähnung findet. Diese Quelle, die in der Nacht warm, sogar kochend, sprudelt und tagsüber angenehm kühl ist, wurde schon von Herodot in seinen Historien knapp 150 Jahre vor Alexander erwähnt. Dass sich Primärquellenautoren wie z.b. Kallisthenes, der die Werke Herodots kannte, bei seiner Darstellung der Sonnenquelle von Herodot hat beeinflussen lassen, scheint wahrscheinlich, ist endgültig aber nicht beweisbar.

Lediglich Arrian fügt noch einen weiteren Punkt zur Beschreibung Siwas an. Er berichtet als einziger davon, dass es in Siwa die Möglichkeit gab, Natursalz[48] abzubauen, das in seiner Reinheit unübertroffen sei, und deshalb sehr gerne zu rituellen Zwecken genutzt werde. Dieses Natursalz scheint ein beliebtes Exportgut gewesen zu sein, denn die Ammonspriester brachten es selbst nach Ägypten, wohl nicht ohne dafür entlohnt worden zu sein.

d. Das Zeremoniell des Orakels

In diesem Abschnitt soll das Ritual näher beschreiben werden, wie den Orakelbesuchern Weissagungen übermittelt wurden. Im Grunde muss man zwei Ritualarten unterscheiden, nämlich zum Einen die Orakelüberbringung für „normale" Besucher und zum Anderen die Art und Weise wie hochrangigen Personen, wie es z. B. Alexander war, prophezeit wurde.

Außergewöhnlich schien dieser Gott Ammon gewesen zu sein. Obwohl man ihn auch in Siwa als Widder verehrte, war seine eigentliche Orakelgestalt die eines omphalosartigen[49] Steines, der, mit allerlei Edelsteinen geschmückt, auf einer Barke, begleitet von singenden Frauen, von den Priestern umhergetragen wurde. So sollte

---

[46] vgl. Schachermeyer: Alexander der Grosse, S. 249.
[47] Siehe Anhang (3) (Kapitel 7)
[48] Arr. 3, 4, 3.
[49] Siehe Anhang (4) (Kapitel 7). Hier ist der Omphalosstein aus Delphi zu sehen, der dem Stein aus Siwa erheblich ähnelt. Vgl. Wilcken: Oase Siwa, S. 268.

der Wille des Gottes auf seine Träger übergehen, die die Barke mal in die eine, mal in die andere Richtung bewegten. Desweiteren brachte der Gott die Barke zum „Nicken", als wäre sie ein menschlicher Kopf. So oder so ähnlich überbrachte Ammon seine üblichen Orakel.[50] Beschreibung in den Sekundärquellen zu diesem Vorgang finden wir bei Diodor[51] und Curtius Rufus[52]. Da WILCKEN[53] der Quelle des Curtius, auch im Hinblick auf die Gestalt des Orakels, Glauben schenkt, möchte ich diese Stelle hier zitieren, die das wiedergibt, was ich oben, gemäß SCHACHERMEYER, schon erwähnte:

„*Was als Gott verehrt wird, hat nicht eine solche Gestalt, wie sie sonst die Künstler den Göttern verliehen haben, sondern es ist eine zumeist einem Nabel ähnliche Figur, aus Smaragd und Edelstein zusammengesetzt. Wenn um ein Orakel gebeten wird, tragen die Priester sie in einem vergoldeten Schiff, von dessen beiden Seiten viele silberne Becken herabhängen. Ihnen schließen sich Frauen und Jungfrauen an, die nach alter Sitte ein kunstloses Lied singen, durch welches sie Zeus wohlgesonnen zu machen glauben, eine wahre Antwort zu erteilen.*"[54]

Für Alexander galt diese Art der Weissagung wohl auch, so vermutet man, dass durch das „Nicken" der Barke generell die Anerkennung eines neuen Pharaos durch den Gott symbolisiert werden sollte. An dieser Stelle erkannte der Gott, der nach mythischer Vorstellung Vater des Pharaos war, seinen Sohn und bekannte sich zu ihm. So begrüßte der Oberpriester Alexander als Sohn des Gottes, wobei man sagen muss, dass der Priester kaum eine andere Wahl hatte, da Alexander schon zu Memphis pharaonische Weihen, und das schließt die Gottessohnschaft mit ein, erhalten hatte. [55] In der modernen Alexanderforschung wird die Begrüßung durch den Priester kontrovers diskutiert. WILCKEN[56] ist hier der Auffassung, dass die Begrüßung Alexanders als Sohn des Ammon an sich kein Orakel war (Alexander fragt auch nicht danach), und das diese Begrüßung öffentlich stattfand, wohingegen die eigentlichen Orakel geheim im Inneren des Heiligtums gegeben wurden. Dagegen richtet sich BERVE[57], der WILCKEN in allen Punkten widerspricht. Zumeist wird jedoch bei der Frage, ob Alexander in das Innere des Tempels des Ammon gehen durfte, ange-

---

[50] Vgl. Schachermeyer: Alexander der Grosse, S. 250.
[51] Diod. 17, 50, 6 – 7.
[52] Curt. 4, 7, 23 – 24.
[53] Vgl. Wilcken: Oase Siwa, S. 268.
[54] Curt. 4, 7, 23 – 24.
[55] vgl. Schachermeyer: Alexander der Grosse, S. 251.
[56] vgl. Wilcken: Oase Siwa, S. 269, sowie S. 316.
[57] H. Berve: Das Alexanderreich auf prosopographischer Grundlage, 1926.

nommen, dass er es tat. So vermutet man, dass Alexander als Sohn des Gottes dort Eingang fand, und vielleicht auch seine Fragen stellte. Es werden Fragen nach der Weltherrschaft und nach der Vergeltung der Mörder Philipps vermutet, die Alexander nach außen hin wohl auch propagierte. Weitere Fragen wurden nicht bekannt. Lediglich, dass Alexander bei Ammon etwas erfuhr, dass er nur seiner Mutter im Geheimen mitteilen könne, wurde scheinbar publik[58]. Doch nach seiner Gottessohnschaft wird er nicht gefragt haben, denn diese hatte er schon durch die Begrüßung erhalten[59].

Bei Curtius Rufus wird Alexanders Orakelbesuch folgendermaßen beschrieben:

„Damals nun redete der älteste von den Priestern den herantretenden König mit „Sohn" an, indem er versicherte, dass sein Vater Zeus ihm diesen Namen erteile. Und er, seiner sterblichen Natur uneingedenk, erwiderte: Ja, er nehme und erkenne dies an. Dann fragte er, ob er nicht zur Herrschaft über den ganzen Erdkreis bestimmt sei. Worauf er mit ähnlicher Schmeichelei belehrt wurde, er werde der Herr über alle Länder sein. Hierauf fragte er weiter, ob wohl alle Mörder seines Vaters bestraft seien. Der Priester erklärte, seinem Vater könne durch niemanden Frevel ein Leid geschehen, Philipps Mörder aber seien alle bestraft, und er fügte schließlich hinzu, er werde unbesiegt bleiben, bis er zu den Göttern aufsteige."[60]

4. Alexanders Motive für den Besuch des Ammon-Orakels

Gerade die Beweggründe, warum Alexander nach Siwa zog, unterliegen bis heute einer kontroversen Diskussion moderner Alexanderforscher. Kaum ein Themengebiet, das sich mit Alexander beschäftigt, wurde so vielfältig und ausdauernd bearbeitet wie dieses. Mir scheint, dass das Hauptaugenmerk der Forschung auf der Frage beruht, ob Alexander zum Ammon-Orakel ging, um sich die Gottessohnschaft vermitteln zu lassen. Dieser Triebfeder soll im Folgenden auch ausgiebig nachgegangen werden, mit Bedacht auf Kontroversität, Multiperspektivität und Betrachtung der Sekundärquellen. Trotzdem werden auch andere Motive Alexanders angesprochen, denen im Folgenden zuerst nachgegangen werden soll.

---

[58] Überliefert bei Plut. Alex. 27, 8.
[59] vgl. Wilcken: Oase Siwa, S. 269, sowie S. 270.
[60] Curt. 4, 7, 25 – 27.

a. Alexanders „pothos"

In den Quellen, namentlich bei Arrian[61] und Curtius Rufus[62], begegnet man einer seltsamen Formulierung, mit der Alexanders Motivation, nach Siwa zu ziehen, zu fassen versucht wird. Arrian spricht vom „pothos" (πόϑος) (Curtius nennt den „pothos" „ingens cupido"), der Alexander bewogen haben soll, diesen Wüstenmarsch auf sich zu nehmen. Tatsächlich trifft man, vor allem bei Arrian, oft auf diese Beschreibung, wenn Alexanders Vorgehen nicht durch rationale Argumente untermauert werden kann. So z.B. beim Besuch der Burg von Gordion[63], bei der Gründung des ägyptischen Alexandrias[64] und eben auch beim Besuch des Orakels von Ammon in Siwa. Darüber, wie man den Begriff „πόϑος" inhaltlich zu füllen habe, entstand innerhalb der Alexanderforschung eine kleine Kontroverse[65]. Die Frage ist, wie man diesen Begriff deuten könne, bzw. was er konkret bedeutete.[66]

Die Meinungen der Forscher reichen von der Auffassung, dass der „pothos"-Begriff einen wesentlichen inneren Bezug zum Wesen Alexanders habe, dieser evtl. den Begriff sogar selbst geprägt haben könnte, bis zu der Behauptung, dass „pothos" eigentlich nichts Wichtiges über Alexander aussage.

EHRENBERG[67] ist der Meinung, dass dieser Begriff eine besondere Auffassung vom Wesen Alexanders sei und beschreibt „pothos" als „kaum bewußte, traumwandlerischen Kräfte, die Alexander überall bis zu den Grenzen der Erde vorstoßen ließen". EHRENBERG betont, dass er davon ausgehe, dass der Begriff „pothos" auf Alexander selbst zurückgehe, er gewissermaßen selber von „seiner Sehnsucht" sprach Dinge zu tun.[68] WILCKEN[69] stimmt mit EHRENBERG überein, dass es sich beim „pothos" um eine irrationale Komponente in Alexanders Wesen handle, widerspricht EHRENBERG aber darin, dass Alexander ganz bewusst die Grenzen der Erde suchte, und man dies nicht dem „pothos" zuschreiben könne. Vielmehr möchte WILCKEN den „pothos" als „irrationale leidenschaftliche Sehnsucht nach dem Un-

---

[61] Arr. 3, 3, 1.
[62] Curt. 4, 7, 8.
[63] Arr. 2, 3, 1.
[64] Arr. 3, 1, 5.
[65] Für einen groben Forschungsüberblick vgl. Seibert: Alexander der Grosse, S. 183 ff.
[66] vgl. Seibert: Alexander der Grosse, S. 183.
[67] vgl. V. Ehrenberg: Alexander und Ägypten (Beihefte zum Alten Orient, Heft 7), 1926, S. 30 ff.
[68] vgl. Seibert: Alexander der Grosse, S. 184f.
[69] vgl. Wilcken: Oase Siwa, S. 264.

bekannten, Geheimnisvollen" verstehen. WILCKEN argumentiert weiter, dass es sein könne, dass diese Begrifflichkeit direkt auf Alexander zurückgehe, wenn man mit Sicherheit sagen könnte, dass die vorliegenden Sekundärquellen auf Kallisthenes zurückgeführt werden könnten. Wenn Kallisthenes, der unter direktem Einfluss Alexanders schrieb, diese Formel schon benutzte, könnte man davon ausgehen, dass auch Alexander sie für seine Außendarstellung als geeignet erachtete. Auf der anderen Seite, könne der „pothos"-Begriff auch eine Schöpfung späterer Quellen sein, so WILCKEN, und deshalb bedürfe diese Terminologie noch weiterer Untersuchungen. Einen ganz anderen Standpunkt nimmt MONTGOMERY[70] ein, der der Auffassung ist, dass „pothos" ein sehr dehnbarer Begriff sei und eigentlich nichts Wichtiges über Alexander und seine Beweggründe aussage. Außerdem sei der „pothos"-Begriff bei Arrian eine literarische Konvention, um die Gesamterzählung zu strukturieren, und könne daher nicht auf Alexander selbst zurück gehen.

Man erkennt also, dass selbst ausgewiesene Kenner ihres Fachs über den Begriff „pothos" an sich kontrovers diskutieren. Festzuhalten bleibt jedoch, dass er als Motivation für den Besuch des Ammon-Orakels bei Arrian und Curtius angegeben wird, und somit in gewisser Weise als Beweggrund Alexanders, nach Siwa zu ziehen, ernst genommen werden muss.

b. Die Unfehlbarkeit des Orakels

Die scheinbare Untrüglichkeit des Ammon-Orakels, aufgrund der Abgelegenheit in der Wüste, hatte ich schon in Kapitel 3a betont. Diese Unabhängigkeit verschaffte dem Orakel von Siwa den Ruf größter Zuverlässigkeit. Diese Zuverlässigkeit könnte ebenfalls als Motiv Alexanders gelten nach Siwa gegangen zu sein, denn eine Weissagung, die auf jeden Fall eintreten wird, scheint Anreiz genug geboten zu haben. So verwundert es nicht, dass Kallisthenes, vermittelt durch Arrian[71], die Unfehlbarkeit des Orakels noch vor dem Vergleich mit den Heroen Perseus und Herakles nennt.[72] Trotzdem ist Arrian der einzige Autor, der explizit die Unfehlbarkeit des Orakels

---

[70] vgl. Montgomery in: Seibert: Alexander der Grosse, S. 186f.
[71] Arr. 3, 3, 1.
[72] vgl. Wilcken: Oase Siwa, S. 265.

beschreibt, doch bleibt er der zuverlässigste der Sekundärquelleautoren. Bei Arrian heißt es:

„[...] einerseits um den Gott über seine Zukunft zu befragen, denn das Orakel dieses Gottes galt als unfehlbar."[73]

c. Der Wettstreit mit Herakles und Perseus

Erwähnung findet dieses Motiv in erster Linie bei Arrian[74] und Strabon[75]. So heißt es dort:

Arrian 3, 3, 1 – 2:

„[...] Andererseits war dieses ja bereits einmal von Perseus und Herakles befragt worden, [...]. Er selbst aber war erfüllt von dem Ehrgeiz, es beiden gleichzutun, denn er stammte aus beider Geschlecht, und irgendwie führte er auch seine eigene Zeugung auf Ammon zurück, ähnlich wie die Sagen Herakles und Perseus von Zeus abstammen lassen."

Strabon 17, 1, 43:

„So erzählt Kallisthenes, Alexander sei besonders durch Ruhmsucht bestimmt worden, zu dem Orakel zu gehen, weil er gehört habe, dass früher auch Perseus und Herakles hinaufgegangen wären."

Nach WILCKEN[76] verberge sich hinter beiden Passagen Kallisthenes als Autor, bei Strabon offenkundig und bei Arrian vermittelt durch Aristobul, dessen Darlegungen in letzter Instanz auch auf Kallisthenes zurückgingen. So ist WILCKEN der Meinung, dass das Motiv, es den Heroen Perseus und Herakles gleichzutun, durchaus als echt einzustufen sei und nicht erst durch spätere literarische Ausschmückungen hinzugekommen sei. Er argumentiert dahingehend, dass dieses Motiv erstens von Kallisthenes berichtet werde, dem, wie schon öfter erwähnt, eine exponierte Stellung bei den Quellen über Alexander zukomme, und zweitens, dass hier Alexanders starker Hang zum Mythos Ausdruck finde. Schon als Kind kam Alexander in Kontakt mit den heroischen Gestalten von Homers Ilias und verstand sich später als Nachfolger

---

[73] Arr. 3, 3, 1.
[74] Arr. 3, 3, 1 – 2.
[75] Strabon (Geographika) 17, 1, 43 abgedruckt in: Wilcken: Oase Siwa, S. 266.
[76] vgl. Wilcken: Oase Siwa, S. 266f.

seiner heroischen Ahnen, wie z.B. des Perseus und des Herakles, die beide Söhne des Zeus waren. Diese Vorliebe für den Mythos war auch für seine griechischen Zeitgenossen offensichtlich und anerkannt, denn als Grieche konnte man sich dem olympischen Pantheon ohnehin nicht entziehen. Ob die Makedonen dies in ähnlicher Weise sahen, kann zumindest bezweifelt werden. Nichtsdestotrotz scheint eine breite Akzeptanz dieser Verwobenheit Alexanders zum Mythos bestanden zu haben, denn WILCKEN, und da stimmt SCHACHERMEYER[77] ihm zu, könnte sich dieses Motiv als offizielle Parole vorstellen, um die Truppen Alexanders für den kommenden Wüstenmarsch motiviert zu haben.

d. Vergleich mit Kambyses

In den Sekundärquellen taucht das Motiv, Kambyses zu übertreffen, nicht direkt auf. Lediglich Plutarch[78] erwähnt bei der Benennung der Gefahren des Wüstenmarsches das Schicksal des Heeres des Kambyses, indem er schreibt *„[...] dass heftiger Südwind den Heereszug im tiefen, unabsehbaren Sand überfiele, wie er der Überlieferung nach in alter Zeit, [...], das Heer des Kambyses überfallen und fünfzigtausend Menschen verschüttet und getötet hatte".* Trotz keiner direkten Motivationszuschreibung in den Quellen denke ich, in Anlehnung an SCHACHERMEYER[79], dass der Gedanke Alexanders daran, etwas zu leisten, was der persische Großkönig vor ihm nicht schaffte, ihn noch besonders motivierte. Die Geschichte vom verschollenen Heer des Kambyses, vermutlich im Jahre 525 v. Chr., wird Alexander mit Sicherheit gekannt haben, da ihm die Schriften Herodots geläufig waren, auf die sich Plutarch wohl bezieht, wenn er von „Überlieferungen aus alten Zeiten" spricht. Herodot weiß folgendes über das Heer des Kambyses zu berichten:

„Als er [Kambyses] aber nach Theben kam, sonderte er aus dem Heer etwa fünfzigtausend aus, denen er auftrug, die Ammonier zu unterwerfen und als Sklaven zu verkaufen und das Orakel des Zeus zu verbrennen. Er selber zog mit dem übrigen Heer weiter gegen Aitiopien [...] Was aber die anlangt, die gegen die Ammonier ausgesandt waren und von Theben aus mit Wegführern dorthin aufbrachen, so weiß man nur, dass sie Oasis erreicht haben, eine Stadt, die von Samiern bewohnt wird, von

---

[77] vgl. Schachermeyer: Alexander der Grosse, S. 243.
[78] Plut. Alex. 26, 12.
[79] vgl. Schachermeyer: Alexander der Grosse, S. 243.

denen man sagt, dass sie aus der Phyle Aischrionie stammen. Die Stadt erreicht man von Theben in siebentägiger Wanderung durch lauter Sand. Die Gegend dort heißt in unserer Sprache „Insel der Seligen". Bis dorthin soll das Heer gekommen sein; von da weiter weiß kein Mensch etwas von ihnen zu berichten, außer allein die Ammonier und die es von diesen gehört haben; denn sie sind weder zu den Ammoniern gekommen, noch sind sie heimgekehrt. Aber auch die Ammonier wissen nur folgendes zu berichten: Als das Heer von jener Stadt Oasis aus durch die Sandwüste gegen sie vorrückte und etwa bis zur Hälfte des Weges gekommen sei, hätte sich zu der Zeit, da sie das Frühmahl nahmen, der Südwind mit unmäßiger Heftigkeit erhoben und sie unter den Sanddünen, die er vor sich hertrieb, begraben und so sei das Heer verschwunden. Solches erzählen die Ammonier von diesem Heer."[80]

Es besser zu machen als dieses Heer des Kambyses und damit in gewisser Hinsicht auch den Schutz des Gottes[81] zu erhalten, könnten Beweggründe für eine Reise nach Siwa gewesen sein. Auch in propagandistischer Hinsicht darf der „Sieg" über Kambyses nicht unterschätzt werden. Die Kunde von einem Alexander, der besser sei, als ein persischer Großkönig, wird auf die Hellenen in motivierender und auf die Perser in furchteinflößender Art gewirkt haben.

e. Befragung des Orakels

Ganz offensichtlich muss ein Motiv Alexanders darin bestanden haben, dass Orakel in Siwa zu befragen[82]. Darüber scheint in der Forschung Konsens zu bestehen. Doch keinen Konsens gibt es darüber, welche Fragen Alexander dem Orakel stellte. Wenn man die Fragen zu kennen glaubt, so würde dies viel über die Zielsetzungen des Siwa-Zuges Alexanders aussagen, da man davon ausgehen kann, dass etwaige Fragen nicht spontan entstanden sind, sondern einer reifen Überlegung im Vorfeld bedurften.

Betrachten man die Aussagen der Sekundärquellen, so kann man nach KRAFT[83] das Motiv, das Orakel zu befragen, bei Diodor[84] und Justin[85] erkennen. Ich tendiere dazu,

---

[80] Herodot 3, 25 – 26.
[81] Man denke nur an die „Wunder" (vgl. Kapitel 3b), die auf dem Weg nach Siwa geschahen, damit Alexander überhaupt dort ankam.
[82] vgl. Schachermeyer: Alexander der Grosse, S. 248.
[83] vgl. Kraft: Rationaler Alexander, S. 52.
[84] Diod. 17, 49 – 51.
[85] Justin 11, 11.

auch für Arrian[86] behaupten zu wollen, dass hier die Absicht beschrieben wird, das Orakel zu befragen. Wie schon gesagt, besteht Klarheit darüber, dass Alexander das Orakel befragen wollte. Wie sieht es aber mit den genauen Fragen an das Orakel aus?

Curtius Rufus äußert sich folgendermaßen dazu:

„Dann fragte er, ob er nicht zur Herrschaft über den ganzen Erdkreis bestimmt sei. Worauf er mit ähnlicher Schmeichelei belehrt wurde, er werde der Herr über alle Länder sein. Hierauf fragte er weiter, ob wohl alle Mörder seines Vaters bestraft seien. Der Priester erklärte, seinem Vater könne durch niemandes Frevel ein Leid geschehen. Philipps Mörder aber seien alle bestraft, und er fügte schließlich hinzu, er werde unbesiegt bleiben, bis er zu den Göttern aufsteige."[87]

So wird auch „die Frage nach den Fragen" in der Forschung unterschiedlich ausgelegt. SCHACHERMEYER[88] ist der Ansicht, dass der eigentliche Orakelvorgang im Inneren des Tempels eine private Angelegenheit gewesen sei, bei der man seine Fragen unter vier Augen ohne etwaige Zeugen vortrug. Alexander oblag es dann, inwieweit er sich über seine Fragen in der Öffentlichkeit äußern wollte. Doch scheint er über zwei seiner Fragen bereitwillig Auskunft gegeben zu haben. Sie betrafen die Weltherrschaft und die Rache der Mörder Philipps. Nach SCHACHERMEYER wurde dem neuen Pharao natürlich auch Weltherrschaft orakelt, so wie bei jedem Herrscher Ägyptens. Mit seiner anderen Frage, wollte Alexander wohl seine Mutter Olympias vom Verdacht der Anstiftung zum Attentat an Philipp befreien und seinem sterblichen Vater die letzte Ehre erweisen, bevor er sich ganz seinem neuen Vater Ammon widmen könne. Wenn Alexander wirklich die Frage nach der Rache an Philipps Mördern gestellt hat, könnte man vermuten, dass es innerhalb der Makedonen, vor allen bei jenen, die noch unter Philipp gedient haben, Stimmen gab, die Alexander vorwarfen nicht genug gegen das Verbrechen an seinem Vater unternommen zu haben. Mit dieser Frage an das Orakel konnte Alexander diesen Kritikern nun den Wind aus den Segeln nehmen, denn das Orakel versicherte ihm, dass alle Mörder Philipps gerächt seien. SCHACHERMEYER vermutet aber weiter, dass dies die beiden Fragen waren, über die Alexander öffentlich sprach, doch habe er wohl noch weitere gestellt, die er aber nicht preisgeben wollte. Dies betreffe z.B. den mythischen Zeugungsakt des Ammon im Körper der Olympias. Solche Dinge wollte Ale-

---

[86] Arr. 3, 3, 1.
[87] Curt. 4, 7, 26 – 27.
[88] vgl. Schachermeyer: Alexander der Grosse, S. 252f.

xander nur seiner Mutter persönlich mitteilen, wie ein Brief an Olympias, überliefert bei Plutarch[89], vermuten lässt.

WILCKEN[90] geht, wie SCHACHERMEYER, davon aus, dass Alexander seine Fragen privat im Inneren des Heiligtumes stellen konnte. Doch ist er im Hinblick auf die Fragen, die gestellt wurden, anderer Ansicht. Er betont, dass die Quellen, er nennt Diodor[91], Curtius[92], Justin[93] und Plutarch[94], die sich mit den Fragen an das Orakel auseinander setzten, allesamt auf Klitarch zurückgingen. Dieser habe die Fragen im Nachhinein erfunden, da Alexander sich niemals über diese geäußert habe. Hier widersprechen sich SCHACHERMEYER und WILCKEN in hohem Maße. Dafür möchte WILCKEN vermuten, dass Alexander eine „wichtige Schicksalsfrage" stellen wollte, nur um deren Willen er nach Siwa gezogen sei. Diese könnte sich um die bevorstehende Entscheidungsschlacht mit Dareios gedreht haben, mit der Alexander sich vom höchsten griechischen Orakel, das in seiner Untrüglichkeit unübertroffen war, Sicherheit für den Ausgang dieser Schlacht holen wollte. Die Frage Alexanders nach der Weltherrschaft lehnt WILCKEN nicht ab, nur sagt er, dass Alexander über die Antwort auf diese Frage geschwiegen habe, denn die Verkündung der Weltherrschaft hätte Resignation bei seinem Heer auslösen können. Diese Antwort wolle er dann nur seiner Mutter, in dem oben erwähnten Brief, mitteilen. Nach WILCKEN bestehe damit das eigentliche Antriebsmoment für Alexander nach Siwa zu ziehen in der Formulierung einer „Schicksalsfrage" an das Orakel, an deren Antwort Alexander in seiner vertrauensvollen Religiosität glaubte.

Ob SCHACHERMEYER oder WILCKEN mit ihren Annahmen Recht behalten kann abschließend nicht geklärt werden. Beide verwenden nachvollziehbare Argumentationen. Die meisten Alexanderforscher gehen aber davon aus, dass Alexander die Frage nach der Gottessohnschaft nicht an das Orakel richtete[95]. Der Gedanke von der Gottessohnschaft Alexanders muss anders in die Literatur Einzug gefunden haben. Inwieweit Alexander selber im Vorfeld des Oasenzuges an eine solche göttliche Her-

---

[89] Plut. Alex. 27,8.
[90] vgl. Wilcken: Ammon, S. 316.
[91] Diod. 17, 51.
[92] Curt. 4, 7, 26 – 27.
[93] Justin 11, 11.
[94] Plut. Alex. 27.
[95] vgl. Wilcken: Oase Siwa, S. 270 und Kraft: Rationaler Alexander, S. 52., obwohl dies z.B. Erwin Mederer in seiner Darstellung anders sieht(vgl. E. Mederer: Die Alexanderlegenden bei den ältesten Alexanderhistorikern, Stuttgart 1936.)

kunft glaubte, ist im Folgenden von enormer Wichtigkeit. Auch hier gehen die Meinungen ungemein auseinander. Die einzelnen Positionen gilt es im nächsten Abschnitt zu erläutern.

f. Die Gottessohnschaft

Mit der Vergöttlichung Alexanders treffen wir auf eines der großen Probleme der modernen Alexanderforschung. Dass Alexander den Wunsch hegte, in Siwa als Sohn des Ammon bezeichnet zu werden, stößt in der Forschung auf heftige Kontroversen. Für Pro und Contra dieser Annahme gibt es vehemente Verfechter. Dies könnte an der Tatsache liegen, dass die Lösung dieser Frage für die innere Entwicklung Alexanders von Bedeutung ist. Grob gesprochen geht es um folgende Frage: Wollte sich Alexander in Siwa die Gottessohnschaft Ammons zu teil werden lassen? Um dieser Frage gerecht zu werden, wird man sich zunächst auf die Auskunft gebenden Sekundärquellen stützen müssen. Erwähnung findet das Motiv der Gottessohnschaft bei Arrian[96], Curtius[97] und Justin[98]. Diese drei Abschnitte werden zunächst im Folgenden angeführt, ehe die Meinungen der Forscher zu der Ausgangsfrage herangezogen werden.

Arrian 3, 3, 2:

„Er selbst aber war erfüllt von dem Ehrgeiz, es beiden gleichzutun, denn er stammte aus beider Geschlecht, und irgendwie führte er auch seine eigene Zeugung auf Ammon zurück, ähnlich wie die Sagen Herakles und Perseus von Zeus abstammen lassen. Und so zog er denn zu Ammon nicht zuletzt in der Absicht, über sich Genaueres zu erfahren oder zumindest, derartiges nachher behaupten zu können."

Curtius 4, 7, 8:

„[...], den Zeus aufzusuchen, den er, nicht zufrieden mit dem Rang eines Sterblichen, für Urheber seines Geschlechts entweder hielt oder gehalten wissen wollte."

Justin 11, 11:

---

[96] Arr. 3, 3, 2.
[97] Curt. 4, 7, 8.
[98] Justin 11, 11.

„Anschließend zieht er zu Zeus Ammon, um sich bei diesem Auskunft zu holen einerseits über den Ausgang der künftigen Vorfälle, andererseits über seinen eigenen Ursprung. Seine Mutter Olympias nämlich hatte ihrem Mann Philipp gestanden, dass sie den Alexander nicht von ihm, sondern von einer ungeheuer großen Schlange empfangen habe. Jedenfalls hatte Philipp selbst in der letzten Zeit seines Lebens in aller Öffentlichkeit erklärt, sein Sohn sei Alexander nicht. Dies war auch der Grund, weshalb er Olympias als überführte Ehebrecherin verstoßen und fortgeschickt hatte. Deshalb wollte Alexander sich den Ruf göttlicher Abstammung sichern und zugleich seine Mutter von der üblen Nachrede befreien, und deshalb lässt er die Tempelvorsteher durch vorausgeschickte Leute insgeheim instruieren, welche Antwort er hören wolle."

Zu Beginn wird denjenigen Alexanderforschern Beachtung geschenkt, die das Motiv der Gottessohnschaft durchaus für realistisch halten. Namentlich sind dies u.a. BERVE, EHRENBERG, MEDERER und SCHACHERMEYER.

BERVE[99] gibt in seiner Darstellung zu verstehen, dass „das Übermenschliche Alexanders Sendung schon in den ersten Jahren des asiatischen Feldzuges sich zu einem bestimmten Gefühl gestaltet habe, das dann, befördert durch die von den Kleinasiaten ihm entgegengetragene Vergöttlichung – und der eigenen inneren Verwandtschaft mit den Heroen und Halbgöttern, vor allem mit Herakles, dem Sohne des Zeus, sich zu der Vorstellung verdichtete, dass auch er mit Recht wie die Könige der sagenhaften Vorzeit als ein Gottessohn gelten müsse". Zur Ammonsoase sei er also deswegen gezogen, um „den Wunsch seiner übermenschlichen Sendung geheimnisvoll bestätigt zu sehen". Mit anderen Worten bekräftigt BERVE hier, dass Alexander vor allem aus dem Grund seiner eigenen Vergöttlichung nach Siwa zog.

Auch EHRENBERG[100] geht in seiner Motivzuweisung davon aus, dass sich Alexander die Gottessohnschaft zu sichern suchte. Dies sagt EHRENBERG zwar nicht explizit, doch mit seiner Aussage, dass „dem Willen Alexanders zur gegenseitigen Durchdringung beider Kulturen bot sich dieser Gott und er allein geradezu an", unterstellt er indirekt Alexanders Wunsch als Sohn des Gottes in Siwa anerkannt zu werden, um eine religiöse Verbindung des ägyptischen mit dem griechischen Glauben einzuleiten. In Ammon lag für Alexander die Möglichkeit eine Brücke zwischen Gottkönigtum der Ägypter und der Akzeptanz dieses Gottkönigtums bei den Hellenen zu bewirken. Dies war, aufgrund der Entstehungsgeschichte des Orakels als ein

---

[99] H. Berve: Das Alexanderreich auf prosopographischer Grundlage, 1926.
[100] V. Ehrenberg: Alexander und Ägypten (Beihefte zum Alten Orient, Heft 7), 1926.

griechisches mit ägyptischen Wurzeln[101], durchaus möglich. Eine solche Argumentation werden wir später bei SCHACHERMEYER ebenfalls wiederfinden. Gegen beide Ausführungen, sprich gegen BERVE und EHRENBERG, richtet sich WILCKEN[102] in seiner Darstellung.

MEDERERS[103] Beweisführung für ein Gottessohnmotiv Alexanders ist an die oben zitierte Arrianstelle angelegt. Er geht davon aus, dass in Arrian 3, 3, 2 davon gesprochen werde, dass Alexander die Absicht habe, beim Orakel die Frage nach seiner göttlichen Herkunft zu stellen. In einem zweiten Schritt bezieht sich MEDERER auf Arrian 3, 4, 5, wo gesagt werde, dass die Orakel für Alexander nach dessen Wunsch ausfielen, woraufhin man zu dem Schluss kommen könne, dass Alexanders Frage nach seiner Gottessohnschaft bejaht wurde. Vehemente Kritik an dieser Art der Beweisführung erntet MEDERER von KRAFT[104], der diese Argumentationsweise entschieden ablehnt.

SCHACHERMEYER[105] argumentiert in einer ähnlichen Weise, wie es schon oben EHRENBERG getan hatte. Das ägyptische Königtum schien zu Alexanders Wesen am besten gepasst zu haben, da es dem Wunsch Alexanders nach absoluter Autorität und gottesgnadenhafter Umgebung genau zusagte. Problematisch bei dieser Art des Königtums war jedoch, dass es sich alleine auf Ägypten beschränkte und keinerlei Machtanspruch bei den Griechen oder Makedonen legitimierte. Und hier kam die großartige Möglichkeit für Alexander ins Spiel, eine Verbindung zwischen ägyptisch-pharaonischen Ehren und dem griechisch-makedonischen Kulturkreis herzustellen. Denn eine Sohnschaft des Ammon, der bei Griechen und Makedonen als Zeus bekannt war, hätte auch über die Grenzen Ägyptens hinweg Bedeutung gehabt. Aber nicht nur einen Brückenschlag zwischen Ägypten und Hellas zu schaffen, war, nach SCHACHERMEYER, bei der Hoffnung auf die Gottessohnschaft durch Alexander impliziert worden.

Denn auch einen Autoritätsgewinn vor seinen Mitstreitern sei, so SCHACHERMEYER, durchaus in Alexanders Kalkül eingeflossen. Die Ammonssohnschaft sollte es den Griechen und Makedonen erleichtern an Alexanders Pläne und Ziele zu glau-

---

[101] Siehe Kapitel 3a.
[102] vgl. Wilcken: Oase Siwa.
[103] Erwin Mederer: Die Alexanderlegenden bei den ältesten Alexanderhistorikern, Stuttgart 1936.
[104] vgl. Kraft: Rationaler Alexander, S. 54ff.
[105] vgl. Schachermeyer: Alexander der Grosse, S. 244ff.

ben. Vor allen Dingen konnte Alexander so den Zweiflern seiner Bemühungen entgegenwirken, denn ein so mächtiger und außerdem unfehlbarer Gott wie Ammon mochte sich keinesfalls in seinen Weissagungen irren. Somit stellte Alexander mit dem Erwerb der Gottessohnschaft seine Autorität vor seinem Gefolge auf ein solideres Fundament. SCHACHERMEYER unterscheidet in seinen Ausführungen strikt zwischen Griechen und Makedonen, sagt aber, dass für sie beide ein Autoritätsgewinn durch Alexander erhofft wurde. Dies hatte WILCKEN noch bezweifelt, doch habe das Orakel in Siwa in Makedonien den gleichen Stellenwert genossen wie in Griechenland, so SCHACHERMEYER. Dies sei mit der weitgehenden Identität der Religionsvorstellungen von Makedonen und Griechen zu begründen. Außerdem glaubten die Makedonen auch an eine doppelte Sohnschaft z.B. des Herakles; warum sollten sie dann nicht an eine solche im Bezug auf Alexander glauben?[106]

SCHACHERMEYER geht in seiner Darstellung noch ein Stück weiter und bezeichnet die Gewinnung der Gottessohnschaft Alexanders als Gewissensfrage. Er erhoffte nicht nur eine Stärkung seiner Position gegenüber den Altmakedonen, die noch unter Philipp gedient hatten, sondern auch eine Stärkung seines eigenen Strebens. Er suchte nach einer Möglichkeit sein Handeln vor sich selbst zu rechtfertigen.[107] Und hier kam die Begrüßung als Gottessohn genau zur richtigen Zeit. Diodor drückte es folgendermaßen aus:„ *The proof of his devine birth will reside in the greatness of his deeds; [...]* ”[108] Alexander werde also seine Göttlichkeit an seinen großen zukünftigen Taten erkennen. Alexander hatte das gefunden, wonach er gesucht hatte. Eine Legitimation seiner eigenen Wünsche und Pläne, die er durch den Gott als rechtmäßig und richtig bestätigt sah.

SCHACHERMEYER betont, dass das epochemachende der Gottessohnschaft Alexanders nicht in der Wirkung nach außen lag, sondern vielmehr in der Bedeutung für Alexander selbst gesucht werden müsse. Und diese innere Bestätigung sei von Anfang an das Motiv Alexanders gewesen. Eine etwaige Unsicherheit seiner Ziele wandelte sich in Selbstvertrauen durch den Schutz Vater Ammons. Jedoch sei die Situation in Siwa, so sagt SCHACHERMEYER abschließend, ein Zirkelschluss Alexanders gewesen, denn er habe das nötige getan, um das zu erhalten, was er erhoffte zu

---

[106] vgl. Schachermeyer: Alexander der Grosse, S. 247.
[107] vgl. Schachermeyer: Alexander der Grosse, S. 247.
[108] Diod. 17, 51.

bekommen. Justin gibt in seinen Ausführungen wieder, was SCHACHERMEYER zu sagen versucht: „[...]und deshalb lässt er die Tempelvorsteher durch vorausge-schickte Leute insgeheim instruieren, welche Antwort er hören wolle."[109]In dieser Argumentation SCHACHERMEYERS liegt ein grundlegendes Beweismoment für das Motiv der Gottessohnschaft, denn dadurch, dass Alexander einen Zirkelschluss, sprich eine Situation, die selbst gelenkt war und nachher als ungeplant deklariert wurde, geschaffen habe, müsse er vorher gewusst haben, was er in Siwa als „Ergeb-nis" erhalten wolle; nämlich die Gottessohnschaft.[110]

Im Gegensatz zu den Annahmen der bisher beschriebenen Alexanderforscher, zeich-nen andere ein völlig gegensätzliches Bild des Motivs der Gottessohnschaft. Diesen Forschern soll im Folgenden Aufmerksamkeit geschenkt werden. Namentlich sind dies KRAFT und WILCKEN.

KRAFT[111] untersucht die Sekundärquellen akribisch, um seine Argumentation gegen ein Motiv der Gottessohnschaft zu bekräftigen. Seine Grundannahme lautet, wenn Alexander explizit nach der Gottessohnschaft fragte, dann sei dieses Motiv einleuch-tend. Tat er es aber nicht, so müsse man es verwerfen.

So kommt KRAFT zu dem Urteil, dass die Quellen von Diodor[112], Curtius[113], Plu-tarch[114] und Justin[115] allesamt ausschlössen, dass die Frage nach der Gottessohn-schaft gestellt wurde. Die neueste Forschung stütze sich aber auf einen Ausschnitt bei Arrian[116], der angeblich beweisen solle, dass die Frage nach der Gottessohnschaft gestellt wurde, so KRAFT. BERVE[117] gebe an, dass Alexander nach Siwa zog, um zu erfahren, dass er Sohn des Zeus sei. Dabei nehme er Bezug auf die Ausführungen MEDERERS[118] und auf die Tatsache, dass STRASBURGER[119] die Arrianstelle als ptolemaisch deklariert habe. Jetzt bestehe die Frage darin, ob die Arrianstelle wirk-lich die Frage Alexanders nach seiner Gottessohnschaft beinhalte. Dass diese Stelle

---

[109] Justin 11, 11.
[110] vgl. Schachermeyer: Alexander der Grosse, S. 255f.
[111] vgl. Kraft: Rationaler Alexander, S. 48ff.
[112] Diod. 17, 49 – 51.
[113] Curt. 4, 7, 5 – 25.
[114] Plut. Alex. 26 – 27.
[115] Justin 11, 11.
[116] Arr. 3, 3, 2.
[117] H. Berve: Das Alexanderreich auf prosopographischer Grundlage, 1926.
[118] Siehe oben.
[119] H. Strasburger: Ptolemaios und Alexander, 1934.

auf Ptolemaios zurückgehe, scheine allgemein akzeptiert, und eine Aussage für das Motiv der Gottessohnschaft von Ptolemaios, der als vertrauenswürdiger Berichterstatter gelte, würde bei einer abschließenden Beurteilung schwer ins Gewicht fallen. Jedoch müsse man zunächst einmal überprüfen, ob überhaupt das Motiv der Gottessohnschaft in der fraglichen Arrianstelle auftauche, bevor man über den Urheber dieser Stelle Vermutungen anstelle.[120]

KRAFT wendet sich massiv gegen die Annahmen MEDERERS[121], der sich für das Motiv der Gottessohnschaft ausgesprochen hatte. KRAFT wendet ein, dass bei Arrian stehe, Alexander führe seine Zeugung auf Ammon zurück, wie Perseus und Herakles es taten. Daher scheint es fraglich, ob Alexander für etwas, dass er ohnehin schon wusste, nach Siwa zog. Auf jeden Fall lasse sich aus dem Satz „[...] *und irgendwie führte er auch seine eigene Zeugung auf Ammon zurück, ähnlich wie die Sagen Herakles und Perseus von Zeus abstammen lassen.*"[122] nicht ableiten, dass Alexanders Absicht es gewesen sei, nach seiner Herkunft zu fragen. Vielmehr lasse sich MEDERERS Annahmen nur noch auf folgenden Satz beziehen: „*Und so zog er denn zu Ammon nicht zuletzt in der Absicht, über sich Genaueres zu erfahren oder zumindest, derartiges nachher behaupten zu können.*"[123]MEDERER[124] sieht in diesem Satz den Beweis, dass Alexander nur wegen seiner Abkunft von Ammon nach Siwa zog. KRAFT wendet ein, dass die griechische Formulierung τὰ αὑτοῦ (hier übersetzt mit „über sich Genaueres") kein Indiz dafür sei, dass man eine Frage nach der Gottessohnschaft durch Alexander annehmen könne. Denn im Sinne MEDERERS müsse τὰ αὑτοῦ als „Abkunft von Ammon" interpretiert werden. Diese Annahme sei aber nicht eindeutig, denn man könne τὰ αὑτοῦ lediglich als etwas interpretieren, das Gegenstand der Orakelfrage sein könne, nämlich „Genaueres über sich". Das könnte so etwas wie das eigene zukünftige Schicksal sein. Hier sei also kein zwingendes Indiz für die Frage nach der Gottessohnschaft entdeckt worden. Ebenso wenig könne die Curtiusstelle[125] dafür sorgen, dass man τὰ αὑτοῦ im Sinne MEDERERS Interpretation als „Abkunft von Ammon" ansehe, denn bei Curtius fehle ein Konjunktiv im Relativsatz, was dafür spräche, dass Alexander sich darüber

---

[120] vgl. Kraft: Rationaler Alexander, S. 53f.
[121] Siehe S. 22.
[122] Arr. 3, 3, 2.
[123] Arr. 3, 3, 2.
[124] Erwin Mederer: Die Alexanderlegenden bei den ältesten Alexanderhistorikern, Stuttgart 1936.
[125] Curt. 4, 7, 8 (siehe oben)

sicher sei, von Ammon abzustammen und daher eine Frage nach seiner Abkunft gar nicht hätte stellen müssen. Somit bleibe nur Justin[126], der Alexanders Absicht beschreibe, nach seinem Ursprung zu fragen. Doch diesen könne man nicht als gesicherte Quelle benutzen, da dieser, wie KRAFT sagt, als notorisch unzuverlässig und sich selbst widersprechend gelte.

KRAFT betont abschließend, dass diese Analyse der Quelle nicht bedeute, dass Alexander überhaupt nicht an seine Ammon-Sohnschaft glaubte, sondern, dass Alexander diese schon vor dem Zug nach Siwa annahm und daher nicht nach dieser fragen musste.[127] Eine Triebfeder nach Siwa zu gehen, war sie jedenfalls nicht.

WILCKEN[128] betont zunächst, dass viele Forscher davon ausgehen, dass Alexander in die Wüste zog, um sich die Gottessohnschaft zu sichern. Wörtlich heißt es bei WILCKEN: „Die öfter geäußerte Annahme, dass Alexander in die Oase gegangen sei, um sich als Sohn des Ammon begrüßen zu lassen, ist grundverkehrt. Diese Begrüßung war ihm eine Überraschung. Er ist selbstverständlich nur hingegangen, um das Orakel zu befragen.[129]" Um seine Äußerung zu beweisen, stellt sich WILCKEN die Frage, ob das Motiv der Gottessohnschaft, überliefert in den Quellen bei Curtius, Justin und Arrian[130], schon von Anfang an erzählt oder erst später hinzuerfunden wurde. So komme es darauf an, ob Kallisthenes jenes Motiv der Gottessohnschaft schon kannte oder nicht. Denn Kallisthenes Darstellungen nehmen, wegen seiner Nähe zu Alexander, eine herausragende Stellung in den Alexanderquellen ein. Das Ergebnis WILCKENS fällt dahingehend aus, dass Kallisthenes das Motiv der Gottessohnschaft noch nicht kannte und dieses erst durch die romanhaften Darstellungen des Klitarch in die Literatur Eingang gefunden habe.

WILCKEN argumentiert zunächst, dass in der Darstellung Strabons, die auf Kallisthenes zurückginge, strikt zwischen der Begrüßung als Zeussohn und dem eigentlich Ritus des Orakels unterschieden wird. Daraus ließe sich ableiten, dass die Begrüßung Alexanders als Sohn des Ammon kein Orakel gewesen sein kann. Da aber nun Kallisthenes berichtet, dass Alexander das Orakel hören wollte, kann die Gottessohnschaft, die nicht vom Orakel verkündet wurde, nicht das Problem gewesen sein, um

[126] Justin 11, 11 (siehe oben)
[127] vgl. Kraft: Rationaler Alexander, S. 59.
[128] vgl. Wilcken: Oase Siwa S. 260ff.
[129] vgl. Wilcken: Oase Siwa S. 260.
[130] Siehe oben

dessen Willen Alexander nach Siwa zog. Kallisthenes wisse schlichtweg noch nichts von diesem Motiv, und gibt als Gründe den „pothos" Alexanders[131], die Untrüglichkeit des Orakels[132] und den Wettstreit mit den Heroen[133] an.[134]

Was nun Klitarch beträfe, so sagt WILCKEN, dass dieser die Darstellungen des Kallisthenes in zwei Punkten verändert bzw. ergänzt habe. Zum Einen machte er die Gottessohnschaft zum Motiv des Oasenzuges und zum Anderen wusste er zu erzählen, welche Fragen Alexander genau stellte. Klitarch müsse nicht zwangsläufig selber Erfinder dieser Zusätze gewesen sein, vielmehr war es doch so, dass die Frage nach der Gottessohnschaft und den genauen Fragen in der Griechenwelt lebhaft diskutiert worden ist. Da die Gottessohnschaft mehr von sich reden machte als der eigentliche Orakelspruch, den Alexander geheim hielt, konnte leicht der Eindruck entstehen, er sei ihretwegen in die Wüste gezogen. In jedem Fall war es Klitarch, der diese Diskussion zuerst in die Literatur einfließen ließ.[135]

WILCKEN argumentiert, dass die betreffende Stelle bei Arrian 3, 3, 2 in zwei Teilen zu lesen sei. Der erste Satz gehe in der Tat auf Kallisthenes zurück, doch der zweite Satz, also *„Und so zog er denn zu Ammon nicht zuletzt in der Absicht, über sich Genaueres zu erfahren oder zumindest, derartiges nachher behaupten zu können.",* gehe auf eine Überlieferung des Klitarch zurück, die Arrian bei seiner Arbeit vorlag. Man könne wohl behaupten, dass Kallisthenes Alexander nicht als potentiellen Schwindler dargestellt habe, wie es durch den Teil *„oder zumindest, derartiges nachher behaupten zu können"* getan werde. Somit müsse dieser zweite Satz auf jeden Fall von Klitarch stammen. Dies wiederum bestätige das obige Ergebnis, denn Kallisthenes kannte das Motiv der Gottessohnschaft nicht; dieses sei durch Klitarch später hinzugefügt worden.[136]

Um seiner Argumentation abschließend weiteren Halt zu verleihen, weist WILCKEN auf Alexanders Verhalten nach der Verkündung der Gottessohnschaft hin. Er habe diese nämlich nicht weiter politisch ausgenutzt und noch nicht einmal proklamiert,

---

[131] Siehe oben Kapitel 4a.
[132] Siehe oben Kapitel 4b.
[133] Siehe oben Kapitel 4c.
[134] Kallisthenes überliefert bei Arr. 3, 3, 1 – 2.
[135] vgl. Wilcken: Oase Siwa S. 271.
[136] vgl. Wilcken: Oase Siwa S. 272f.

geschweige denn, einen Kult angeordnet. WILCKEN widerspricht damit BERVE vehement, der eine Stelle bei Curtius als historischen Beleg anführt[137]. Dort heißt es:

„Er duldete also nicht nur, sondern befahl sogar, dass man ihn Sohn des Zeus nannte und verringerte dadurch den Ruhm seiner Taten, den er durch eine solche Bezeichnung doch mehren wollte."[138]

WILCKEN sagt, dass diese Passage des Curtius ein Teil der alexanderfeindlichen Tradition sei, und deshalb erst später Eingang in die Literatur fand. So sei in der glaubwürdigen Tradition keine Spur einer offiziellen Proklamation der Gottessohnschaft erkennbar. So seien von Alexander nach außen hin kaum irgendwelche erkennbaren praktischen Konsequenzen gezogen worden. Dies werde auch damit zusammenhängen, dass in den überlieferten Quellen wenig von der Wirkung der Gottessohnschaft auf die Griechenwelt berichtet wird. So sieht WILCKEN es als gezeigt, dass Alexander nicht wegen der Gottessohnschaft nach Siwa zog, denn sonst hätte er diese später auch politisch ausgenutzt und proklamiert.[139]

5. Fazit

Abschließend ist zu konstatieren, dass man sich in der Alexanderforschung über die Motive Alexanders nach Siwa zu ziehen, einig ist, uneinig zu sein. Kaum ein Motiv Alexanders erzeugt einen vollständigen Konsens bei den Forschern, was die Vielschichtigkeit und Komplexität des Themas nochmals verdeutlicht. Ich für meinen Teil möchte eine multikausale Lösung für diese Motivproblematik annehmen. Ich halte es für nachvollziehbar, dass nach außen hin der Wunsch Alexanders kund getan wurde, es den Heroen Perseus und Herakles gleichzutun. Hierin sehe ich, wie WILCKEN und SCHACHERMEYER, das offizielle Motiv. Vermuten möchte ich weiter, dass dieses Konkurrenzdenken des Alexanders auch dazu geführt hat, sich mit dem ehemaligen persischen Großkönig Kambyses messen zu wollen. Ich könnte mir durchaus vorstellen, dass ein „Wettkampf" mit Kambyses in ähnlicher Weise motivierend für die Anhänger Alexanders wirkte wie der Vergleich mit Herakles und Perseus. Auch, dass der „pothos" im Sinne einer inneren Abenteuerlust, quasi einer

---

[137] vgl. Wilcken: Oase Siwa S. 282f.
[138] Curt. 4, 7, 30.
[139] vgl. Wilcken: Oase Siwa S. 286f.

„irrationalen leidenschaftlichen Sehnsucht nach dem Unbekannten, Geheimnisvollen"[140], eine Rolle bei der Motivation Alexanders spielte, möchte ich annehmen. Die Tatsache, dass das Orakel als „unfehlbar"[141] galt und vor allem, dass man dies auch in der Griechenwelt wusste, hatte für Alexander den positiven Nebeneffekt, dass sich die Antworten, die er erhalten würde, in jedem Fall einstellen würden. Somit zog er auch mit der Hoffnung nach Siwa, erfreuliche Antworten zu bekommen. Und davon konnte er als Pharao getrost ausgehen. Die Annahme, dass Alexander das Orakel aufsuchte, um es zu befrage, möchte ich als Tatsache gelten lassen, denn ein Orakelbesuch impliziert das Stellen von Fragen. Welche Fragen es genau waren, muss genau so offen bleiben wie die Frage, ob Alexander wegen seiner Gottessohnschaft nach Siwa zog. Ich persönlich tendiere zur Annahme WILCKENS[142], der sagt, dass dies nicht als Motiv gelten dürfe, da es auf Klitarch beruhe und Kallisthenes es noch nicht als solches gekannt habe und die Gottessohnschaft im Nachhinein auch nicht von Alexander offiziell proklamiert worden sei. Alexander habe somit die Gottessohnschaft sozusagen als „Zubrot", in der Begrüßung des Priesters, zu dem erhalten, was er eigentlich in Siwa wollte, nämlich die Formulierung einer „Schicksalsfrage".

Abschließend kann man sagen, dass alle Annahmen der Forscher ihre berechtigte Grundlage haben, doch die Frage nach den genauen Motiven Alexanders, das Ammon-Orakel zu besuchen, nicht endgültig und befriedigend geklärt werden kann. Vielmehr muss man sich mit einer Annäherung der Motivlage Alexanders durch die Sekundärquellen zufrieden geben.

---

[140] vgl. Wilcken: Oase Siwa, S. 264.
[141] Arr. 3, 3, 1.
[142] vgl. Wilcken: Oase Siwa, S. 266ff.

6. Quellennachweise

a. Sekundärquellen

- **Arrian** 3. Buch, 3. Kapitel
- **Curtius Rufus** 4. Buch, 7. Kapitel
- **Diodor** 17. Buch, Kapitel 49 - 51
- **Justin** 11. Buch 11. Kapitel
- **Plutarch** Alex. Kapitel 26 - 28
- **Strabon** 17. Buch, Kapitel 1

b. Quellen

- **Herodot** 3. Buch, Kapitel 25 - 26 ; 4. Buch, 181. Kapitel

c. Forschungsliteratur

- **D. Kienast**, Alexander, Zeus und Ammon. In: W. Will (Hg.), Festschrift Wirth, Bd. 1, Amsterdam 1988, 309 ff.
- **K. Kraft**, Der ´rationale´ Alexander. Kallmünz 1971.
- **F. Schachermeyer**, Alexander der Große. Ingenium und Macht. Graz 1949, [2] 1973.
- **J. Seibert**, Alexander der Große. Darmstadt [3] 1990.
- **W. W. Tarn**, Alexander der Große, Darmstadt 1968.
- **U. Wilcken**, Alexanders Zug zur Oase Siwa, SB Berlin 1928, Nr. 30, 567 ff.
- **U. Wilcken**, Alexanders Zug zum Ammon, SB Berlin 1930, Nr. 10, 159 ff.

7. Anhang

(1)

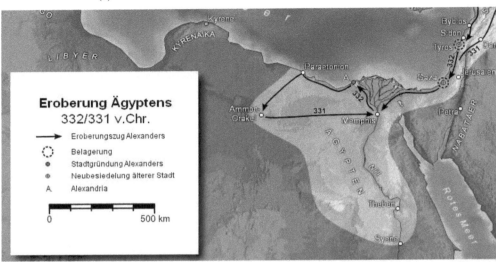

Quelle: http://www.wellermanns.de/Gerhard/images/GL/griechen_roemer/MakedonischesReich.jpg   (gesehen am 24.10.09)

(2)

http://theodorhary.com/images/image724.gif
(gesehen am 03.11.09)

(3)

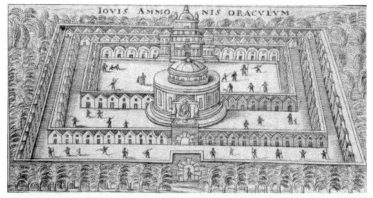

Orakeltempel des Zeus Ammon nach einem Kupferstich aus dem 17. Jahrhundert.

http://theodorhary.com/images/image722.gif
(gesehen am 03.11.09)

(4)

Der Omphalos-Stein aus Delphi

http://www.utexas.edu/courses/larrymyth/images/2B-
Delphi-Omphalos.jpg (gesehen am 14.11.09)